Vente le Samedi 20 Décembre 1873

OEUVRES

DE

CARPEAUX

MARBRES

BRONZES — TERRES CUITES

M. CHARLES PILLET,
COMMISSAIRE-PRISEUR,
10, rue de la Grange-Batelière,

M. HARO, Peintre-Expert,
CHEVALIER DE LA LÉGION D'HONNEUR,
14, rue Visconti, et rue Bonaparte, 20

Paris 1873

CATALOGUE

DES

MARBRES, BRONZES

TERRES CUITES

DE

CARPEAUX

VENTE A L'HOTEL DROUOT

Salle nᵒˢ 8 et 9

Le Samedi 20 Décembre 1873

A DEUX HEURES

EXPOSITIONS

PARTICULIÈRE : LE JEUDI 18 DÉCEMBRE 1873.
PUBLIQUE : LE VENDREDI 19 DÉCEMBRE 1873.
De une heure à cinq heures.

Mᵉ CHARLES PILLET,	M. HARO, PEINTRE-EXPERT,
COMMISSAIRE-PRISEUR,	CHEVALIER DE LA LÉGION D'HONNEUR,
10, rue de la Grange-Batelière.	14, rue Visconti, et rue Bonaparte, 20.

CONDITIONS DE LA VENTE

Elle sera faite au comptant.

Les acquéreurs payeront *cinq pour cent* en sus des adjudications.

L'exposition mettant le public à même de se rendre compte de l'état des objets, il ne sera admis aucune réclamation une fois l'adjudication prononcée.

CE CATALOGUE SE DISTRIBUE

A PARIS, CHEZ

Mᵉ CHARLES PILLET,	M. HARO, Peintre-Expert,
COMMISSAIRE-PRISEUR,	CHEVALIER DE LA LEGION D'HONNEUR,
10, Rue de la Grange-Batelière, 10.	14, Rue Visconti, et rue Bonaparte, 20.

Paris. — Typ. PILLET fils aîné, 5, rue des Grands-Augustins.

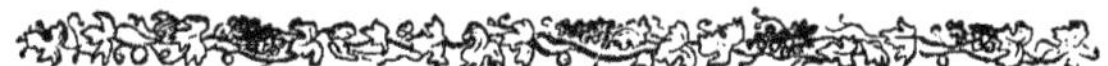

En 1868 et 1870, pour des ventes que nous avons faites
précédemment, Théophile Gautier nous écrivait les lignes
suivantes, que nous sommes heureux de rappeler ici :

« Est-il donc si difficile d'admettre chez soi la sculpture?
pourtant quelle haute élégance le marbre donne tout de suite
à une demeure! Il y a des tableaux partout, bons, médiocres
ou mauvais; mais une statue, un buste d'art est une rareté
qui ne se rencontre que chez les plus riches, les plus délicats,
les plus intelligents. La statuaire, quand elle confie ses rêves
de beauté au marbre et au bronze, n'a rien à redouter
des tapisseries splendides, des dorures brillantes, des
meubles incrustés; elle règne partout en souveraine et s'as-
socie à tous les luxes, qu'elle domine; l'âge ne peut rien

sur elle, et, lorsque les tableaux des maîtres s'évanouissent sous la lente fumée du temps, elle reste toujours jeune, toujours belle, et regarde passer les siècles du haut de son piédestal; il faut la barbarie volontaire de l'homme pour la détruire.

« La sculpture n'est pas si sauvage et si farouche qu'on la fait et elle ne demanderait pas mieux que de quitter les acrotères des monuments publics, les galeries froides des musées et les jardins princiers, où elle grelotte, pour venir vivre avec nous en parfaite intimité, dans nos tièdes habitations, n'ayant plus à craindre la pluie qui la raye de filets noirs... Elle serait bien contente aussi de ne plus tendre la main, pour subsister, aux commandes du ministère... car l'Etat seul ne peut nourrir un art, il faut que le pays lui vienne en aide.

« Il serait à souhaiter que l'on eût plus d'amour pour la statuaire, sans, pour cela, négliger la peinture, sa sœur. C'est la plus noble et la plus durable forme de l'art; elle n'a pour but et pour moyen que la beauté. Si elle n'a pas les magies de la peinture, les fonds, les couleurs, la perspective, elle offre, dans son unité, une infinie variété d'aspects.

« Chaque profil d'une statue montre, pour ainsi dire, une statue nouvelle. La lumière et l'ombre s'y promènent, produisant à chaque heure des effets inattendus. La nuit, qui éteint les tableaux, donne à la sculpture, sous le feu des lampes, un relief plus puissant et une réalité plus saisissante.

Que d'excellents motifs pour lui accorder une place à notre foyer et la charger d'ennoblir nos demeures! Une statue fait d'une chambre un sanctuaire, et d'une maison un temple. »

Les ventes de sculptures sont trop rares, celle que nous présentons est exceptionnelle; cette réunion de groupes, de statues, de bustes en marbre, de bronzes et de terres cuites du même auteur, tous portant la signature du maître, est, dans le monde de l'art, un grand événement qui nous ramène aux belles époques où l'artiste était directement en rapport avec le public.

HARO

MARBRES

STATUES

1. *Enfant à la coquille.*

Haut., 90 cent.

Socle en bois sculpté.

2. *Jeune fille à la coquille.*

Haut., 90 cent.

Socle en bois sculpté.

3. *Amour blessé.*

Haut., 70 cent.

STATUETTES

4. *Frère et sœur.*

Haut., 66 cent.

5. *Suzanne surprise.*

Haut., 67 cent.

6. *La Toilette.*

Haut., 70 cent.

7. *Fille d'Eve.*

Haut., 40 cent.

8. *Printemps.*

Haut., 5o cent.

9. *Frileuse.*

Haut., 4o cent.

BUSTES

10. *Candeur.*

Haut., 65 cent.

11. *Rieur napolitain.*

Haut., 55 cent.

12. *Rieuse napolitaine.*

Haut., 5o cent.

13. *L'Été.*

Haut., 70 cent.

14. *L'Espérance.*

Haut., 57 cent.

15. *Bacchante aux lauriers.*

Haut., 60 cent.

16. *Printemps.*

Haut., 60 cent.

17. *Rieur aux pampres.*

Haut., 55 cent.

18. *Rieuse aux roses.*

Haut., 55 cent.

BRONZES

STATUES

19. *Enfant à la coquille*.

Haut., 90 cent.

20. *Jeune fille à la coquille*.

Haut., 90 cent.

21. *Amour blessé.*

Haut., 70 cent.

22. *Marchand de poissons.*

Haut., 1 m. 10 cent.

23. *Amour à la Folie.*

Haut., 80 cent.

GROUPES

24. *Ugolin et ses enfants.*

Haut., 45 cent.

25. *Frère et sœur.*

Haut., 67 cent.

STATUETTES

26. *Suzanne surprise.*

Haut., 67 cent.

27. *Le Printemps.*

Haut., 5o cent.

28. *La Toilette.*

Haut., 70 cent.

29. *La Frileuse.*

Haut., 40 cent.

30. *Enfant à la coquille.*

Haut.. 45 cent.

BUSTES

31. *Espiègle.*

Haut., 45 cent.

32. *Négresse.*

Haut., 60 cent.

33. *Rieur napolitain.*

Haut., 5o cent.

34. *Rieuse napolitaine.*

Haut., 5o cent.

35. *Encrier.*

Haut., 25 cent.; larg., 25 cent.

36. *Bacchante aux roses.*

Haut., 65 cent.

37. *Bacchante aux lauriers.*

Haut., 65 cent.

38. *Rieuse aux roses.*

Haut., 55 cent.

39. *Rieur aux pampres.*

Haut., 55 cent.

40. *A. Dumas fils.*

Haut., 35 cent.

41. *A. Dumas fils.*

Haut., 40 cent.

TERRES CUITES

GROUPES

42. *Modèle du groupe de la Danse,* exécuté
au nouvel Opéra.

Haut., 2 m.

43. *Ugolin et ses enfants dans la Tour de la Faim.*

(DANTE), Inferno, C. XXXIII.

Haut., 1 m. 75 cent.

44. *Modèle du bas-relief de Flore,* exécuté aux Tuileries.

Haut., 1 m. 45 cent.; Larg., 1 m. 70 cent.

45. *La Danse des trois Grâces.*

Haut., 50 cent.

46. *Psyché se moquant de l'Amour.*

Haut., 80 cent.

STATUES

47. *Amour blessé.*

> Haut., 70 cent.

48. *Eve emportant le fruit du mal.*

> Haut., 64 cent.

49. *Figure.* Esquisse.

> Haut., 85 cent.

50. *Bacchante aux vignes.*

> Haut., 65 cent.

51. *Chinois.*

Haut., 80 cent.

52. *L'Amour désarmé.*

Haut., 50 cent.

53. *Musicien* Esquisse.

Haut., 65 cent.

54. *L'Enfant à la coquille.*

Haut., 95 cent.

55. *La Jeune fille à la coquille.*

Haut., 95 cent.

56. *L'Amour à la Folie.*

Haut., 80 cent.

STATUETTES

57. *La Défense de la patrie.*

Haut., 45 cent.

58. *Suzanne surprise.*

Haut., 70 cent.

59. *Le Printemps.*

Haut., 50 cent.

60. *La Toilette.*

Haut., 70 cent.

61. *La Frileuse.*

Haut., 40 cent.

BUSTES

62. *Génie de la Danse.*

Haut., 62 cent.

63. *Mater Dolorosa.*

Haut., 80 cent.

64. *Printemps.*

Haut., 60 cent.

65. *Rieur napolitain.*

Haut., 5.1 cent.

66. *Rieuse napolitaine.*

Haut., 50 cent.

67. *Espérance.*

Haut., 57 cent.

68. *Négresse.*

Haut., 60 cent.

69. *Rieur aux pampres.*

Haut., 55 cent.

70. *Rieuse aux roses.*

Haut., 55 cent.

71. *L'Eté.*

Haut., 70 cent.

72. *La Palombella au pane.*

Haut., 70 cent.

73. *La Candeur.*

Haut., 65 cent.

74. *L'Espiègle.*

Haut., 45 cent.

75. *La Palombella au collier.*

Haut., 45 cent.

76. *La Fiancée.*

Haut., 65 cent.

77. *La Bacchante aux roses.*

Haut., 65 cent.

78. *La Bacchante aux lauriers.*

Haut., 60 cent.

79. *Gounod.*

Haut., 80 cent.

80. *Gounod.*

Haut., 60 cent.

81. *A. Dumas fils.*

Haut., 75 cent.

82. *Boudeur.*

Haut., 25 cent.

83. *Mater Dolorosa.* Esquisse.

Haut., 70 cent.

Invitation

à visiter

DES

MARBRES, TERRES CUITES, BRONZES

DE

CARPEAUX

EXPOSITION PARTICULIÈRE

Le jeudi 18 Decembre 1875

HOTEL DROUOT, SALLES 8 ET 9

Mᵉ CHARLES PILLET, Commissaire-Priseur.

M. HARO, Peintre-Expert,
Chevalier de la Légion d'honneur